인물로 보는 세계 역사

LIVE 세계사

⑲ 동남아시아

천재교육

글 **이한율**

'세상을 놀이처럼 배울 수는 없을까?'라는 의문을 품고 작가가 되었습니다.
역사, 과학, 수학 등의 이야기를 만화 스토리와 콘티로 재미있게 풀어쓰는 작업을 하고 있습니다.
쓴 책으로는 《수학 요괴전》, 《꿈꾸는 유비쿼터스 세상(우수과학도서 선정)》, 《만화 아프리카의 눈물》,
《열려라 지하도시》, 《날아라, 우주공학단》 등이 있고, 어린이 과학 잡지 《우등생 과학》에 '불똥' 시리즈를
연재하였습니다.

만화 **서혁**

만화 웹진 〈아이코믹스〉에 단편으로 데뷔하여 어린이 과학동아에 〈사이버 수학 어드벤처〉, 매일 경제신문에
〈장미와 함께 배우는 경제〉, 어린이 동아 일보에 〈2100년 미래과학뉴스〉를 연재했습니다. 《꼬불꼬불 꿀잼 미로찾기》,
《영어와 쉽게 친해지는 알파벳 파닉스》, 《옛날 신문 속 숨은 그림 찾기》, 《80일간의 세계 일주》, 《꿈을 이룬 사람들》,
《이이화 선생님이 들려주는 만화 한국사》, 《열려라 천일문! 영어 구출 대작전》 등에 그림을 그렸습니다.

학습·감수 **황은희**

고려대학교 역사교육과와 서울교육대학원 사회과교육과에서 공부했어요.
초등학교 교사로 재직하고 있으며, 어린이와 역사 교육에 대해 고민하며 활동하고 있습니다.
지은 책으로는 《그림으로 보는 한국사》, 《나의 첫 세계사 여행(인도·동남아시아)》, 《어린이들의 한국사(공저)》
등이 있습니다.

LIVE 세계사 ⑲ 동남아시아

발행 | 2022년 5월 31일 초판　**인쇄** | 2022년 5월 20일 1쇄
발행처 | (주)천재교육
글 | 이한율　**만화** | 서혁　**삽화** | 김현정　**학습·감수** | 황은희
편집 | 천재교육 만화사업팀　**북디자인** | Design Plus
사진 제공 | 위키피디아
신고번호 | 제2001-000018호(1980.5.28)
팩스 | 02-3282-1717
고객만족센터 | 1577-0902
주소 | 08513 서울특별시 금천구 가산로9길 54
홈페이지 | www.chunjae.co.kr

ISBN 979-11-259-7053-8 74900
ISBN 979-11-259-7034-7 74900 (세트)

인물로 보는 세계 역사
LIVE 세계사
⑲ 동남아시아

추천사

동남아시아의 다양한 문화를 만나 보아요!

동남아시아는 아시아의 동남쪽에 있는 지역이에요. 인도차이나반도와 말레이반도 등 바다를 접한 지역이 많고 수마트라, 보르네오, 자바와 같은 수많은 섬들로 이루어져 있어요. 주변에 있는 인도와 중국, 서아시아의 영향을 받으며 힌두교와 이슬람교, 불교, 크리스트교 등을 받아들이기도 했지요. 외래 문화의 영향을 많이 받기도 했지만 자신들만의 고유한 사회와 문화를 유지해 다양한 문화가 공존하며, 여러 민족이 제각각의 언어를 사용하는 다소 복잡한 곳이기도 해요.

앙코르와트로 유명한 캄보디아는 크메르 제국 때 최전성기를 맞았어요. 불교의 나라로 불리는 태국은 다른 나라들이 식민지가 될 때에도 독립을 유지한 저력이 있지요. 스페인의 식민 통치로 어려움을 겪던 필리핀은 혁명을 통해 독립을 찾고자 했어요. 인도네시아도 네덜란드에 맞서 독립 투쟁을 벌였고, 여성의 인권을 찾기 위한 운동을 벌이기도 했어요. 한편 미얀마는 지금도 군부에 맞서 민주화를 위한 싸움을 하고 있어 많은 관심과 연대가 필요한 나라이기도 해요.

동남아시아는 미래의 땅이라고 불리는 지역이에요. 아직도 해결해야 할 여러 가지 과제가 있지만, 정치 민주화와 경제 발전을 바탕으로 새롭게 도약하기 위한 준비를 하고 있어 변화를 기대할 수 있답니다. 아주 오래 전부터 우리나라와도 교류하며 함께 살아온 동남아시아. 앞으로도 우리와 함께 미래를 만들어갈 동남아시아 여러 국가들의 역사가 궁금하죠? 자, 이제 동남아시아 여러 나라의 역사 인물과 함께 그들의 이야기를 만나러 떠나 볼까요?

황은희
서울 월천초등학교 교사

나비 효과! 연약한 나비의 날갯짓 하나가 지구 반대편에 있는 나라에 큰 태풍을 만들어 낼 수 있다는 뜻이에요. 오늘날 지구촌에 살고 있는 우리 모두가 밀접하게 서로 영향을 주고받는다는 것을 보여 주는 말이지요. 《LIVE 세계사》는 한국에서 태어났지만 세계인과 친구가 되고 함께 살아갈 여러분에게, 흥미 있는 세계사를 보여 줄 것입니다.

김태규
서울 장충고등학교 교사

우리 함께 세계 여러 나라의 인물을 만나고, 각 나라에 대해 알아봐요. 여러분이 친구들과 많은 것을 함께 나누는 것처럼 세계 여러 나라 사람들도 이웃 나라, 심지어 지구 반대편 먼 나라 사람들과 만나 많은 것을 주고받았어요. 그 결과물이 세계사이지요. 《LIVE 세계사》는 곳곳에 우리나라 이야기도 들어 있어 편하게 만날 수 있을 거예요.

이강무
서울 인창중학교 교사

《LIVE 세계사》는 세계 여러 나라의 역사를 중요 인물과 사건을 통해 살펴보고, 이와 관련된 주변 나라의 역사와 나아가 세계 역사 흐름을 살펴보려는 책입니다. 인물과 사건, 그리고 유적과 유물을 통해 세계는 연결되어 있고, 과거와 현재가 연결되어 있음을 알 수 있습니다. 세계 속 인물을 통해 과거와 현재 그리고 세계 곳곳을 찾아 여행을 떠나요!

왕홍식
서울 보성중학교 교사

현재 우리가 살아가는 지구에는 수많은 나라와 역사가 있어요. 그 역사 속 사람들을 알고 싶다면 《LIVE 세계사》를 읽어 보는 것은 어떨까요? 여러분이 꼭 알아 두면 좋을 인물을 중심으로 한 재미있는 만화를 읽을 수 있어요. 또 비슷한 시기 주변 국가의 이야기나 우리나라 역사와 관계있는 이야기도 있어 보다 깊이 있게 세계사를 만날 수 있을 거예요.

김현숙
서울 덕수중학교 교사

Start

1

여행 지도

해당 나라의 지도와
함께 수도, 언어, 기후,
국기 등 기본 정보를
알아봅니다.

2

만화와 정보 박스

세계 역사 속 주요 인물을
재밌는 스토리와 함께
만화로 만나 봅니다.
정보 박스를 통해
놓치기 쉬운 학습 정보를
보충합니다.

3

세계사 들여다보기
세계사 넓게 보기
세계사 깊게 보기

해당 나라에 관련된
정보를 읽고,
그 시기에 주변 나라와
우리나라는 어떤 일이
있었는지 살펴봅니다.

수리야바르만 2세 (재위 1113~1150년경)

동남아시아에 있는 나라 중 하나인 캄보디아에는
크메르(앙코르) 제국이 있었어요. 유네스코 세계
유산으로 유명한 앙코르와트를 지은 왕조로, 이 왕조의
전성기를 이끈 왕이 바로 수리야바르만 2세입니다.
그는 반란을 일으켜 왕의 자리를 차지했죠. 힌두교를
널리 *장려하며 *막강한 힘을 길렀고, 외교 전술을
펼치고 주변 나라를 침공하면서 세력을 키워 동남아시아
강국으로 자리했어요. 수리야는 '태양의 신'이라는
뜻으로 그가 절대적인 힘을 가진 왕이었음을 보여
줍니다. 그는 앙코르와트라는 사원을 지어 강한 왕권과
신의 힘을 보여 주려고 했어요.

앙코르와트 벽에 새겨져 있는 수리야바르만 2세

*쓰도록 북돋아 줌.
*세고 강함.

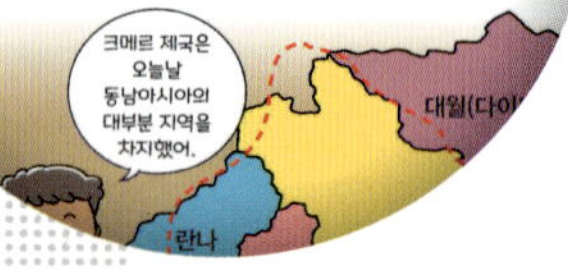

세계사 들여다보기·동남아시아

캄보디아의 최전성기, 크메르

캄보디아를 비롯한 동남아시아 국가들은 인도의 영향을 많이 받았어
제국도 그런 왕조 중 하나예요. 크메르인이 세운 왕조로, 9세기부터
이 제국이 전성기를 맞은 것은 12세기의 수리야바르만 2세 때예요. 그
강화하기 위해 힌두교를 널리 퍼뜨렸고, 인도차이나반도의 여러 왕국을
대제국을 건설했죠. 하지만 이후 왕들이 사치스러운 생활을 하고, 가뭄
크메르 제국은 태국의 아유타야 왕조에 의해 멸망하고 말았어요.

4

놀이 퀴즈

미로 찾기, 가로세로
낱말 퀴즈, 사다리 타기 등
재밌는 퍼즐을 이용해
학습한 내용을
확인해 봅니다.

5

문제 퀴즈

세계사와 관련된 다양한
유형의 문제를 풀면서
학습한 내용을 점검하고
교과를 비롯한 여러 가지
시험에 대비합니다.

6   End

연표

인물과 사건을 중심으로
역사의 흐름을 이해하고
같은 시기에 우리나라와
다른 나라에서 일어난
사건과 비교해 봅니다.

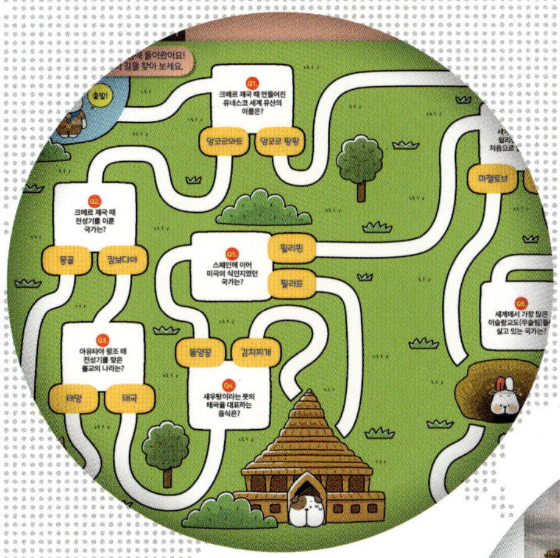

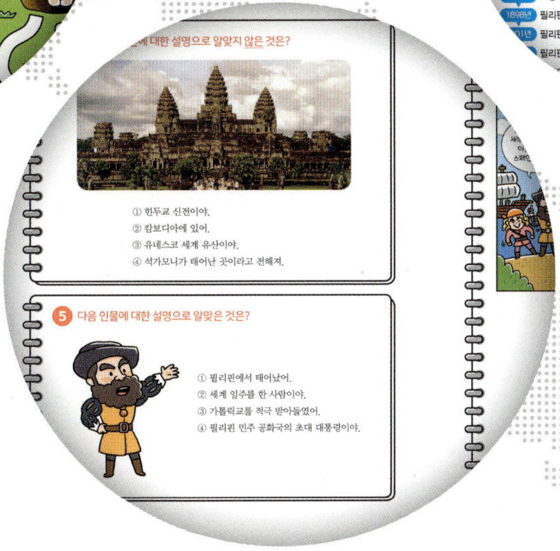

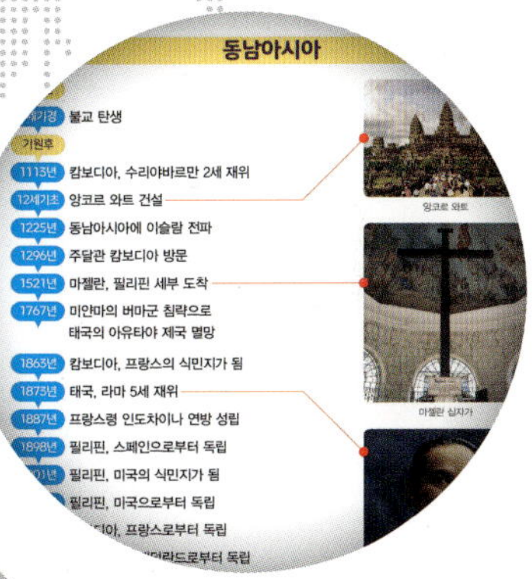

동남아시아

지역

동남아시아는 아시아의 동남부 지역을 말해요.
크게 인도차이나반도와 말레이 제도의 11개국으로 구성되어 있어요.
동티모르를 제외한 10개의 나라는 동남아시아국가연합인 아세안에 가입되어 있어요.
판의 경계에 위치해 있어 지진 등이 자주 일어나요.

나라

동티모르, 라오스, 말레이시아, 미얀마연방, 베트남, 브루나이,
싱가포르, 인도네시아, 캄보디아, 태국, 필리핀이 속해요.

언어

나라마다 다양한 언어를 사용하고 있어요. 라오스, 말레이시아, 미얀마연방,
베트남, 인도네시아, 캄보디아, 태국 등은 고유의 언어를 가지고 있으며,
싱가포르와 필리핀 등은 영어를 사용해요. 그 외에 소수 민족의 언어가 함께
사용되기도 해요. 또 유럽의 식민지를 겪었던 과거가 있어
여전히 영어나 프랑스어, 포르투갈어 등을 사용하는 곳도 있어요.

기후

적도와 가까이 위치해 있어 숲으로 무성한 열대 우림 지역이 많아요.

종교

말레이시아·브루나이·인도네시아 등에서는 대부분 이슬람교를,
라오스·미얀마연방·캄보디아·태국 등에서는 대부분 불교를 믿어요.
그 외에 개신교, 가톨릭, 힌두교 등 다양한 종교가 존재하고 있어요.

산업

동남아시아는 대체로 관광업과 농업이 발달했으며, 제조업, 건설업, 어업 등
나라마다 다양한 산업이 발달했어요. 농사를 짓기에 좋은 기후이기 때문에
예전부터 농업이 주요 산업이었으며, 여전히 많은 사람들이 농업에 종사하고 있어요.

세계 유산

말레이시아 믈라카 해협의 역사 도시 믈라카와 조지타운, 싱가포르의 보타닉 가든,
인도네시아의 보로부두르 불교 사원군, 캄보디아의 앙코르와트 등
나라마다 다양한 세계유산이 있어요.

동남아시아로
역사 여행을
떠나보자고!
라오스
베트남
태국
캄보디아
필리핀
말레이시아
브루나이
싱가포르
인도네시아
통티모르

등장인물

해리

이상한 나라의 정원사.
격투기에 뛰어나며,
힘이 아주 세요.

그루

이상한 나라의 요리사.
남을 잘 보살피지만
음식 앞에서는 약해져요.

듬이

다정하고 친절한
순둥이 북극곰이지만
듬직한 친구예요.

하트 공주

이상한 나라
하트 여왕의 외동딸.
자기만의 왕국을
세우려고 해요.

가로

하트 공주의 부하.
충성심으로 가득하지만
엉뚱한 행동으로 일을
그르치기도 해요.

세로

하트 공주의 부하.
공주의 말이라면 무조건
따르며, 눈치가 빨라
행동도 빨라요.

수리야바르만 2세

캄보디아 크메르 제국의 왕.
왕권을 강화하고 자신의 힘을
보여 주기 위해 앙코르와트를
지었어요.

라마 5세

태국 짜끄리 왕조의 5대 국왕.
서양 세력의 침략에서 태국이
독립을 유지할 수 있는
외교를 펼쳤어요.

호세 리살

필리핀의 독립운동가.
스페인의 식민 통치에서
벗어나기 위해 민족 동맹을
조직해 독립운동을 했어요.

카르티니

인도네시아 여성 교육 운동가.
여성의 인권을 높이기 위해
학교를 세워 여성 교육에
힘썼어요.

아웅 산 수 치

미얀마 민주화 운동가.
군부 정권에 맞서
민주화를 위해 노력했고,
1991년 노벨 평화상을 받았어요.

차례

이상한 나라 안내서
여기는 이상한 나라.
세상의 지식과 상상이 모여 만들어진 마법의 나라예요.
하트성
레스토랑
도서관
정원
음악관
인간, 동물, 요정, 마법사, 책 속의 인물 등 다양한 이들이 살고 있지요.

이상한 나라에서 가장 중요한 곳은 도서관이에요. 인간 세계와의 균형을 보여 주는 절대시계가 있거든요. 인간 세계가 흔들리면 여기도 무사하지 못해요.

도서관에 인간 세계로 넘어가는 시간의 문이 있다는 건 안 비밀!

껄
껄

이상한 나라는 항상 평화로워요.
가끔 하트성에 사는 공주가 말썽을 일으킬 때 빼고는요.

엄마, 미워!

너 사춘기니?

오늘은 어떤 하루가 시작될까요?

덜
덜
덜

새로운 *아시아로!

16　　　***똠양꿍** 태국 음식의 하나. 새우와 채소, 레몬즙, 향신료 따위를 넣고 끓인 국물 요리.
　　***아시아** 여섯 대륙 중 하나로 세계 육지의 약 3분의 1에 해당하며 유럽주와 함께 유라시아 대륙을 이룸.

***동남아시아** 아시아의 동남부. 지역적으로는 인도차이나반도와 말레이 제도로 나누어짐.
***발달** 학문, 기술, 문명, 사회 따위의 현상이 보다 높은 수준에 이름.

***예약** 미리 약속함. 또는 미리 정한 약속.

이번에도 부탁할게.
걱정 마. 꼭 책을 찾아올게.
근데 동남아시아는 잘 모르는데….
아!
받아. 잃어버린 책 목록이야.
이거면 충분하지!
얘들아, 절대시계의 바늘이 거꾸로 돌고 있어!
벌써?
타탁
우우우웅
어서 무너진 세상의 균형을 다시 잡자!
동남아시아로 출발!

캄보디아의 아름다운 *사원

***사원** 종교 단체의 신자들이 모여 예배나 포교를 하는 집을 통틀어 이르는 말.

***인도차이나반도** 아시아 동남부에 있는 반도.

캄보디아는 6세기경 크메르족이 세운 나라야.
9세기에 수도를 앙코르와트로 옮긴 후 크메르 제국으로 발전하면서 최고 전성기를 누렸지.
공주가 노리는 인물이 그 크메르 제국과 관련이 있나?

공주가 가져간 캄보디아 위인전은 수리야바르만 2세라는데?
그게 누구지?

그는 크메르 제국을 이끈 가장 위대한 왕이야!

크메르 제국은 12세기 수리야바르만 2세 때 힘을 키워 태국과 베트남 지역을 침략했다고 해.
그렇다면 하트 공주가 탐낼 만하네.

그나저나 진짜 덥다.
똠양꿍이 생각나네.

*물길 물이 흐르거나 물을 보내는 통로.

***웅장하다** 규모 따위가 거대하고 풍성함,

***분말** 보드라울 정도로 잘게 부수거나 갈아서 만든 것.
***꾸미다** 거짓이나 없는 것을 사실인 것처럼 지어냄.

귀찮은 녀석들!
또 뒤따라오다니.
죄송해요.
제가 빈 통을
흘리는 바람에….
어이구!

얼른 *마무리나 해.
왕이 좋아하는
힌두교 신 비슈누랑
똑같아 보여야 하니까.
네….

26

***마무리** 일의 끝맺음.

***기리다** 뛰어난 업적이나 바람직한 정신, 위대한 사람 등을 칭찬하고 기억함.

***시찰** 두루 돌아다니며 사정을 살핌.

수리야바르만 2세 (재위 1113~1150년경)

동남아시아에 있는 나라 중 하나인 캄보디아에는
크메르(앙코르) 제국이 있었어요. 유네스코 세계
유산으로 유명한 앙코르와트를 지은 왕조로, 이 왕조의
전성기를 이끈 왕이 바로 수리야바르만 2세입니다.
그는 반란을 일으켜 왕의 자리를 차지했죠. 힌두교를
널리 *장려하며 *막강한 힘을 길렀고, 외교 전술을
펼치고 주변 나라를 침공하면서 세력을 키워 동남아시아
강국으로 자리했어요. 수리야는 '태양의 신'이라는
뜻으로 그가 절대적인 힘을 가진 왕이었음을 보여
준답니다. 그는 앙코르와트라는 사원을 지어 강한 왕권과
자신의 힘을 보여 주려고 했어요.

앙코르와트 벽에 새겨져 있는 수리야바르만 2세 모습.

*장려 좋은 일에 힘쓰도록 북돋아 줌.
*막강하다 더할 수 없이 세고 강함.

***진행** 일 따위를 처리하여 나감.
***분장** 등장인물의 성격, 나이, 특징에 맞게 꾸밈. 또는 그런 차림새.

흠, 좋군.

이곳은 비슈누 신을 모실 신성한 장소다!
단 하나라도 불미스러운 일이 일어나선 안 돼.

걱정 마십시오. 그럴 일은 절대 없을…

공주님!
엥?!
응?

***보란 듯이** 남들 앞에서 자랑스럽거나 당당하게.

*안전 지위나 신분이 높고 귀한 사람이 앉아 있는 자리의 앞.
*한패 같은 동아리 또는 같은 패.

왜 이래요?
난 아무 죄가
없어요!
후다닥!
잡아라!

거기 서라,
이 녀석!
쿵탕
와당탕
그만
쫓아와요!

아주 난리를 치는구나.
이래서는 왕 앞에 멋지게 나설 수가 없잖아!
공주님, 살려 줘요!
잡아라!
후다닥
공주님, 어디 계세요? 공주님!
어? 가로가 이쪽으로 오는데?
훠이 훠이~ 오지 마!
으악!
공주님, 여기 계세요?
휘익

어?
해리와 그루?
저…
저리 가!

우르르르
수상한
녀석들이
더 있군!
으악!

가로,
너 물귀신이야?
왜 우리까지
끌어들여?
누가 거기
숨어 있으래?
와
와
멈춰라!
와다다다다

저쪽으로 안 가?
니들이나 저리 가!
으악! 화살이다!
쉬익
깽깽
팟!
팟!
쉬익
쉬익
쇄액
으아악! 빨리 움직여!
왜애애 애 앵~
에잇!
다다다다
쏘옥
여기 숨어 있어야겠다.
헉 헉

***부실** 몸, 마음, 행동 따위가 튼튼하지 못하고 약함.
***황공하다** 위엄이나 지위 따위에 눌리어 두려움.

왕은
듣거라!

응?

휘익

누구냐!

비…
비슈누 신?!

둥

***친히** 직접 제 몸으로.
***미천하다** 신분이나 지위 따위가 하찮고 천하다.

***정체** 본래의 형체.
***훼방** 남의 일을 방해함.

전하, 비키세요! 그 가짜 신은 저희가 상대할게요!
으악!
이건 또 뭐야!
와다다다
공주님! 여기 계셨군요!
삐끗
왜 돌아온 거야?
아얏!
중요한 순간이야, 저리 가!
으앗! 넘어진다!
툭

*지우다 쓴 글씨나 그린 그림, 흔적 등이 보이지 않게 없어짐.

***접근** 가까이 다가감.
***감히** 말이나 행동이 건방지게.

쑤아아아아
수리야바르만 2세,
카드로 들어오너라!
으악!
수리야바르만 2세
쿵
나 참.
이런 표정을
또 보고 싶지
않았는데.

그만해요!
왕을 데려가면 역사에 혼란이 온다니까요!
흥! 그게 나랑 무슨 상관?
휙
윽!
두 두 두 두 두
해리, 그루! 비슈누 신의 지팡이 맛을 볼 테냐!
신이라고?
어쭈?

*건드리다 상대를 자극하는 말이나 행동으로 마음을 상하게 하거나 기분 나쁘게 만듦.
*비밀 작전 숨기어 남에게 드러내거나 알리지 말아야 할 일.

*넋을 잃다 제정신을 잃고 멍한 상태가 되거나 정신을 잃음.

걱정이야. 캄보디아는 앞으로 어떻게 될까?
역사를 시뮬레이션 해보자.

이럴 수가!
왜?

수리야바르만 2세가 사라진 캄보디아는 통일 왕국을 세우지 못하고 역사에서 사라진대.
그럼 안 되지!
빨리 공주를 따라가자!
반드시 수리야바르만 2세를 원래 시대로 돌려보내자.
우우우웅

캄보디아의 최전성기, 크메르 제국

캄보디아를 비롯한 동남아시아 국가들은 인도의 영향을 많이 받았어요. 캄보디아의 크메르 제국도 그런 왕조 중 하나예요. 크메르인이 세운 왕조로, 9세기부터 15세기까지 번성했어요. 이 제국이 전성기를 맞은 것은 12세기의 수리야바르만 2세 때예요. 그는 자신의 왕권을 강화하기 위해 힌두교를 널리 퍼뜨렸고, 인도차이나반도의 여러 왕국을 침략하며 영토를 넓히고 대제국을 건설했죠. 하지만 이후 왕들이 사치스러운 생활을 하고, 가뭄과 홍수까지 이어지면서 크메르 제국은 태국의 아유타야 왕조에 의해 멸망하고 말았어요.

퀴즈 캄보디아의 크메르 제국을 멸망시킨 나라는?
① 아유타야 왕조 ② 수코타이 왕조

거대한 힌두교 신전, 앙코르와트

캄보디아의 상징인 앙코르와트는 힌두교 3대 신 중 하나인 비슈누 신을 위한 사원으로, 12세기 수리야바르만 2세 때 30여 년에 걸쳐 돌을 쌓아 만들었어요. 전성기를 누리던 크메르 제국이 멸망하면서, 앙코르와트를 비롯한 여러 유적이 정글에 묻혀 버렸죠. 그러다 몇 백 년의 세월이 흘러 프랑스 학자에 의해 발견되면서 세계에 알려지기 시작했어요. 앙코르와트는 힌두교의 우주를 옮겨 놓은 모양이에요. 건축물 곳곳에는 힌두교와 관련한 설화나 크메르 제국과 관련된 이야기들이 새겨져 있지요. 앙코르와트는 그 어느 나라 사원보다 정교하고 아름답다는 평가를 받고 있답니다.

퀴즈 앙코르와트는 힌두교의 어떤 신을 위한 신전인가요?
① 제우스   ② 비슈누

중국인이 남긴 기록, 진랍풍토기

옛 캄보디아에 대한 기록은 거의 남아 있지 않지만, 크메르 제국의 모습을 알 수 있는 기록이 있어요. 바로 중국 원나라 사신인 주달관이 쓴 여행기 <진랍풍토기>예요. 주달관은 원나라 사신으로 크메르 제국의 수도인 앙코르 톰에 왔어요. 진랍은 캄보디아의 옛 이름이에요. 주달관은 크메르 제국에 1년 여 간 머물며 나라 안의 여러 사정과 종교, 사람들의 생활 모습을 자세히 기록했답니다. 40여 장의 이 기록은 크메르 제국에 대해 알 수 있는 아주 소중한 유산이에요.

캄보디아에서는 동쪽을 중요하게 생각해, 궁궐 문을 동쪽으로 내었다.

국왕은 인간과 여자 뱀의 몸에서 태어났다고 전한다.

여성들이 상업을 주도하고, 집안의 가장 역할을 하고 있다.

왕이 행차할 때 이용한 코끼리는 온통 황금과 보석으로 덮여 있다.

퀴즈 <진랍풍토기>를 쓴 중국 원나라 사신은 누구인가요?
① 주사위　② 주달관

캄보디아의 수원마을

캄보디아 시엠립 주에는 수원마을이 있어요. 경기도 수원시와 국제 자매 결연을 맺은 마을이거든요. 수원시는 생활 여건이 어려운 이 마을을 지원하며, 공동 우물, 마을 회관, 도로, 다리 등을 짓는 데 도움을 주었어요. 또 학교도 세웠고요. 비가 많이 오는 우기가 되면 진흙길이 되어 통행이 어려웠던 길도 포장도로로 바뀌었죠. 이 도로를 '프놈끄라옴-수원 우정의 길'로 부른답니다. 이 마을에 한국의 문화가 전해지면서 아이들은 태권도를 배우기도 해요. 마을 환경이 점점 좋아지면서 시엠립 주에서 가장 살기 좋은 마을이 되었어요.

퀴즈 수원 마을이 있는 캄보디아의 마을은 어디인가요?
① 프랑스   ② 프놈끄라옴

독립을 지키는 힘

*왕조 왕가가 다스리는 시대.

***짜끄리 왕조** 1782년 라마 1세가 수도를 방콕으로 옮기고, 스스로 왕위에 오르며 시작된 왕조.

태국 국민들은
왕가를 정말 사랑해.
동남아시아
여러 나라들이 서양 세력의
식민지가 될 때 유일하게
독립을 지킨 태국의
영웅이거든.
그렇구나.

특히 두 왕이 큰 역할을 했지.
라마 5세와 그의 아버지 라마 4세야.

나도 알아.
동남아시아를 노리는
영국과 프랑스
사이에서….

두 왕이
그들의 라이벌 의식을 이용해
균형을 잘 잡은 덕분이지?
영국
프랑스
맞아.

마침 하트 공주가
가져간 태국의 위인전이
라마 5세야!
공주도
인물을 알아보네.

***신분** 개인의 사회적인 위치나 계급.

혼자 있고 싶다고 했는데 또 찾으러 온 게냐?
뭐라는 거야?
우릴 시종으로 착각한 것 같아.

처음 보는 얼굴들이네?
새로 왔으면 이 왕자에게 인사부터 해야지.

왕자? 설마 태국의 왕자?
어릴 때의 라마 5세일지도 몰라.

잘 됐어. 곁에 있을 기회야.
좋아!

그래. 만나서 반갑구나.
왕자님, 처음 뵙겠습니다.

*근심 해결되지 않은 일 때문에 속을 태우거나 우울해함.
*요구 어떤 행위를 할 것을 요청함.

라마 5세 (재위 1868년~1910년)

태국은 지금도 왕이 있는 *입헌 군주제 국가예요. 물론 왕이 직접 국가를 다스리지는 않고, 상징적인 존재로 남아 있어요. 나랏일은 주로 총리가 맡아 해요. 태국은 타이족이 세운 국가로 아유타야 왕조 때 주변 나라들과 무역을 하며 성장하기도 했어요. 하지만 미얀마 한 왕조의 침략으로 멸망하고, 짜끄리 왕조가 세워졌어요. 라마 5세인 쭐랄롱꼰은 짜끄리 왕조의 5대 국왕으로 서구의 문물을 받아들이고 근대적인 개혁을 추진하며 태국의 발전을 이끌었어요. 무엇보다 동남아시아 여러 나라들이 유럽 국가들의 식민지가 되었을 때 태국이 독립을 유지할 수 있도록 *실리적인 외교를 펼쳤답니다.

***입헌 군주제** 왕이 헌법에서 정한 제한된 권력을 가지고 다스리는 정치 체제.
***실리적** 실제로 이익이 되는.

***장차** 앞으로의 뜻으로, 미래의 어느 때를 나타내는 말.

*납치 강제로 억지로 데리고 감.
*흡수 빨아서 거두어들임.

＊**우왕좌왕** 이리저리 왔다 갔다 하며 일이나 나아가는 방향을 종잡지 못하는 모양.

***진정** 몹시 소란스럽고 어지러운 일을 가라앉힘.

***막무가내** 달리 어찌할 수 없음.
***곤란** 사정이 몹시 딱하고 어려움.

***왕위** 임금의 자리.
***정식** 정당한 격식이나 의식.

***고비** 일이 되어 가는 과정에서 가장 중요한 단계나 대목.
***수상하다** 보통과 달리 이상하여 의심스럽다.

아앗!
쿵

여긴 언제지?
20세기 초의
방콕이야.

당장
쭐랄롱꼰을 찾자.
하지만
공주 발자국도
안 보여.

그럼
어떻게 찾지?

이럴 땐
그 방법뿐이야.
어떤?
번득

왕자니까
아무한테나 물어보면
알겠지.
윽, 그러네.
쿵

***나라님** 나라의 임자라는 뜻으로, '임금'을 이르는 말.
***함부로** 조심하거나 깊이 생각하지 않고 마음 내키는 대로 마구.

***경비병** 도난, 재난, 침략 따위를 걱정하여 사고가 나지 않도록 미리 살피고 지키는 임무를 맡은 사람. 또는 그런 군대.

***외교관** 자기 나라를 대표하여 다른 나라와 정치적, 경제적, 문화적 관계를 맺는 일을 하는 사람.
***검문** 검사하기 위해 따져 물음.

***사양하다** 겸손하여 받지 않거나 응하지 않는다. 또는 남에게 양보하다.

***갈아입다** 입고 있던 옷을 벗고 다른 옷으로 바꾸어 입음.

*볼일 해야 할 일.
*통하다 막힘없이 들고 나다.

*접근 가까이 다가감.
*흉계 흉악한 계략. 아주 나쁜 꾀나 수단.

새로 온 프랑스 대사라고?
그렇습니다.

그래. 내게 할 말이 뭐요?

프랑스와 시암(태국)은 친구입니다.
양국의 발전을 위해 긴히 드릴 말씀이 있으니 비밀리에 프랑스로 함께 가시지요.
공주님, 아니, 대사님을 따라 당장 가시지요.

비밀리에? 그걸 알면 영국이 가만히 있겠소?

맞아요. 영국 몰래 프랑스와 비밀 이야기라뇨!
둥
아니, 영국 대사?

***선수를 치다** 남보다 먼저 어떤 일을 시작하다.
***방해하다** 남의 일을 간섭하고 막아 해를 끼치다.

***경쟁** 같은 목적에 대하여 이기거나 앞서려고 서로 겨룸.
***일방적** 어느 한쪽으로 치우친 것.

그리고 공주님.
네… 네에?

*예전에도 공주께선 제 의견을 들어주었죠? 이번에도 부탁하겠소.

아… 아니!
공주님, 정신 차리세요.

내 정체를 알고 있었구나!
오래 전에 만나지 않았소? 똑똑히 기억하고 있지요.

*예전 꽤 오래된 지난날.

*쌤통 남이 실패한 것을 고소해 하는 뜻으로 이르는 말.

*중재 분쟁에 끼어들어 양쪽을 화해시킴.
*상대하다 서로 겨루다.

이 정도면 태국의 역사를 무사히 지켜낸 거지?
그래. 우리 얼른 하트 공주를 뒤쫓자.
이만 헤어져야겠어요.
계속 시암의 훌륭한 왕이 되어주세요!
물론이지. 잘 가거라.

어서 공주를 따라가자!
기다려요, 하트 공주님!
아아아앙

불교의 나라, 태국

태국은 국민 대부분이 불교를 믿어요. 아침마다 음식을 얻는 탁발 수행을 하는 스님들도 쉽게 볼 수 있지요. 남자들은 일생에 한 번은 며칠이라도 머리를 깎고 절에 들어가 잠시 승려가 되기도 한답니다. 결혼이나 장례식 등도 불교 의식으로 치르고, 절이 병원이나 양로원 등의 역할을 하기도 해요. 태국의 왕조들은 불교를 바탕으로 나라를 다스리기도 했기에, 아유타야 왕조의 수도였던 아유타야에 가면 곳곳에서 탑과 불상, 절을 만날 수 있어요. 오래된 불상들 중에는 목이 잘리거나 머리만 남아 있는 것들이 많은데, 아유타야를 침공했던 나라들이 불상과 탑을 파괴했기 때문이에요.

↑ 왓 프라 시 산펫 아유타야에 있는 가장 큰 왕실 전용 사원

왓 마하탓 불상 ➡
파괴된 불상의 얼굴이 나무와 함께 자랐어요.

독립을 지킨 대나무 외교

동남아시아는 중국으로 가는 길목에 있어 프랑스, 영국 등 서양 세력들이 호시탐탐 노린 곳이에요. 실제로 1800년대 말 즈음 동남아시아 대부분의 국가들이 서양 세력의 손아귀에 들어갔어요. 그런데 유일하게 독립을 유지한 나라가 바로 태국이에요. 태국은 어떻게 독립을 유지할 수 있었을까요? 그것은 바로 라마 5세(쭐랄롱꼰) 등이 펼친 대나무 외교 덕분이에요. 미얀마를 차지한 영국이 태국을 노렸으나, 태국은 영국 등과 조약을 맺고 잘 지내기로 하면서 베트남 등을 차지한 프랑스가 넘보지 못하게 했어요. 대나무처럼 바람이 불면 이리저리 휘면서도 결국엔 부러지지 않고 꼿꼿하게 서 있을 수 있었죠.

퀴즈 19세기 태국 왕이 서양 세력에 넘어가지 않게 펼친 외교 방식은?
① 대나무 외교　② 소나무 외교

태국에 들어온 상좌부 불교

인도에서 탄생한 불교는 주변 지역으로 전해졌어요. 불교는 일반 대중에게 널리 전해 많은 사람들을 구원해야 한다고 주장한 대승 불교와 승려들이 스스로 수행을 통해 깨달음을 얻는 것을 중요하게 여긴 상좌부 불교로 나뉘었지요. 태국을 비롯한 동남아시아 지역에는 주로 상좌부 불교가 전해졌고, 중국, 한국, 일본에는 대승 불교가 전해졌어요. 태국에서는 상좌부 불교를 믿는 전통이 14세기 아유타야 왕조 때 확립되었고, 지금까지 그 전통이 이어지고 있어요.

퀴즈 승려들이 스스로 수행을 통해 깨달음을 얻는 것을 중요하게 여긴 불교는?
① 상다리 불교　② 상좌부 불교

태국의 개방성을 보여주는 똠양꿍

태국을 대표하는 음식은 똠양꿍이에요. '똠'은 끓인다, '양'은 섞다, '꿍'은 새우를 의미해, 새우탕이라는 뜻이지요. 신맛, 매운맛, 달콤한 맛, 새콤한 맛을 동시에 느낄 수 있어요. 한국 사람들도 좋아하는 음식이면서, 세계적으로 유명한 수프 중 하나예요. 원래 똠양꿍은 흰 국물의 담백한 맛이 나는 요리였어요. 그런데 태국의 개방 정책으로 서양 및 주변 나라들과 교류하면서 포르투칼에서 쥐똥고추, 인도에서 커리, 중국에서 코코넛 밀크 등이 전해지고, 이러한 재료들이 들어가면서 지금과 같은 맛을 내게 되었답니다.

퀴즈 태국 음식 똠양꿍에서 '똠'의 뜻은 무엇인가요?
① 끓인다　② 굽는다

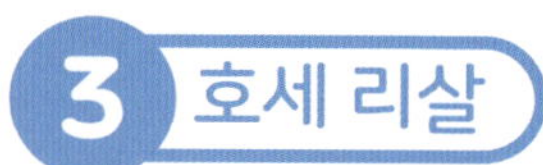

식민 지배에의 저항

*노리다 음흉한 목적을 가지고 남의 것을 빼앗으려고 벼름.

***다짜고짜** 일의 앞뒤 상황이나 사정 따위를 미리 알아보지 아니하고 단박에 들이덤벼서.

그 안경과
시계는 뭐냐?
이리 줘 봐.
하하,
아무것도
아니에요.
해리야,
그루야!
?
턱 
슬금
슬금
도망쳐!
거기
서라!
와
다
다
딕

***안전하다** 위험이 생기거나 사고가 날 염려가 없음.

헉 헉 헉

호세 리살이
누군데 경찰이
저러는 거지?
듬이야,
이제 말해 줘.

필리핀은
지난 300년 동안
스페인의
식민지였어.

소설가이자 의사인
호세 리살은 식민지 정부를
반대하다 현재 이 섬으로
쫓겨났고.
그랬구나!
어쩐지…

*광활하다 막힌 데가 없이 트이고 넓음.
*후원 뒤에서 도와줌.

*선언 널리 펴서 말함. 또는 그런 내용.
*소문 사람들 입에 오르내려 전하여 들리는 말.

96

*지주 땅의 소유자.
*협박하다 겁을 주며 압력을 가하여 남에게 억지로 어떤 일을 하도록 하다.

*희망 어떤 일을 이루거나 하기를 바람.

호세 리살 (1861년~1896년)

유럽의 식민지가 된 동남아시아 국가들은 서양의 문물을
받아들이고 근대적인 개혁을 추진하는 동시에 독립을 위해
노력했어요. 여러 나라 중 필리핀이 독립운동의 선두에
섰는데, 그 중심에 있던 인물이 독립운동의 아버지로
불리는 호세 리살이에요. 호세 리살은 스페인에서 유학을
한 의사였어요. 그런데 필리핀이 스페인의 식민 통치로
어려움을 겪자 *언론을 통해 저항하고, 필리핀 민족동맹을
조직해 독립운동을 벌였어요. 이후 민족주의 단체가 일으킨
폭동의 *배후자로 지목되어 체포되었고, 필리핀 국민들이
지켜보는 데서 총살당하고 말았어요. 그의 죽음은 더 많은
청년들을 독립운동에 뛰어들게 했지요.

*언론 신문, 책 등의 매체를 통하여 어떤 사실이나 문제를 밝혀 알리는 활동.
*배후자 겉으로 직접 나서지 않고 뒤에서 어떤 일을 하도록 조종하거나 부추기는 사람.

***지루하다** 시간이 오래 걸리거나 같은 상태가 오래 계속되어 따분하고 싫증이 남.
***열정** 어떤 일에 열렬한 애정을 가지고 열중하는 마음.

***지배** 어떤 사람이나 집단, 조직, 사물 등을 자기의 의사대로 복종하게 하여 다스림.
***대우하다** 어떤 사회적 관계나 태도로 대함.

***평화적** 전쟁, 분쟁 또는 갈등 없이 평온한 것.
***우선** 딴 것에 앞서 특별하게 대우함.

끼익
......
앗!

수업이 끝났어요, 공주님!

코오오… 코…
쿨쿨
윽…!

콩
가로, 일어나!
흐읍!
아이코!

공주님,
호세 리살이 교실을
나왔다고요!
그, 그래?
따라가자!

……

사사삭

호세 리살!
둥

***장차** 앞으로의 뜻으로, 미래의 어느 때를 나타내는 말.
***자서전** 작자 자신의 일생을 소재로 스스로 짓거나, 남에게 쓰게 한 전기.

*폭로 알려지지 않았거나 감춰져 있던 사실을 드러냄.
*단박 그 자리에서 바로를 이르는 말.

*모욕 깔보고 욕되게 함.
*부당하다 이치에 맞지 않음.

공주님,
그 손
놓으세요!

앗? 또
니들이냐?

해리, 그루!
다가오지 마!

척

비키지
못해!

공주님,
어서 호세 리살을
흡수하세요!

이 막대기는
뭐야!

안 되겠다.
설득은 포기하고
일단 데려가자!
앗!
내 부하가
되어라,
호세 리살!
!
툭
쑤우악
안 돼!
어어어…?
으악!
콩
화악
슈우욱
앗!

으악
악
으극
쓔우우욱
쿵
호세 리살 대신 세로가?
네가 왜…?
세로

*상황 일이 되어 가는 과정이나 형편.

부욱
으악,
내 카드!
앗!
슈우우우악
아이고야.
털썩
세로야,
돌아왔구나!

* **무례** 태도나 말에 예의가 없음.
* **얄밉다** 말이나 행동이 약아서 눈치가 빨라 미움.

*포기 하려던 일을 도중에 그만두어 버림.
*당황 놀라거나 다급하여 어찌할 바를 모름.

***수호신** 국가, 민족, 개인 등을 지키고 보호하여 주는 신.

***상대하다** 서로 마주 대하고 겨룸.
***행운** 좋은 운수. 또는 행복한 운수.

호세 리살이 우리 때문에 곤란해지면 안 될 텐데….
우릴 못 봤다고 하면 어쩌지 못할 거야.

호세 리살이 필리핀의 독립을 이끄는 거겠지?
우우웅
필리핀 사람들의 의지가 굳으니 꼭 이뤄낼 거야지.
휴~
안타깝지만 아니야.

얼마 후 호세 리살은 누명을 쓴 채 죽고 말거든.
식민 정부가 필리핀의 독립 의지를 꺾으려고 일부러 그랬지.
우우웅
죽는다고?!
다다다

하지만
그의 죽음은 거룩한
희생으로 기억되었어.
안타깝다.
우웅
오늘날 필리핀 사람들은
호세 리살을 독립 운동의
아버지로 부르며 존경하고 있지.

필리핀의 독립 운동

필리핀에서는 스페인의 식민 지배에 저항하며 필리핀 혁명이 일어났어요. 1896년에는 무장 투쟁 단체인 카티푸난이 발각되었고, 호세 리살이 이 무장 단체의 배후자로 몰려 사망하면서 독립 운동은 실패하는 듯 보였어요. 하지만 얼마 후 필리핀을 두고 스페인과 미국 사이에 전쟁이 일어났어요. 독립운동가이자 정치인인 에밀리오 아귀날도는 미국이 필리핀을 독립시켜 줄 거라고 생각하여 미국을 돕는 한편, 필리핀 공화국을 선포하고 초대 대통령이 되었어요. 하지만 미국은 등을 돌렸고, 스페인에게 필리핀을 넘겨받아 지배하기 시작했어요. 필리핀은 미국과 전쟁을 벌였고, 미국은 필리핀을 무자비하게 탄압했어요. 이후 필리핀은 일본에게 점령당하기도 하였다가, 제2차 세계 대전 후에야 실질적인 독립을 이루게 됩니다.

한눈에 살펴보는 필리핀의 역사

마젤란, 필리핀 상륙

스페인으로부터 독립 선언

미국으로부터 독립

아픈 역사의 현장, 리살 공원

필리핀의 수도 마닐라에는 국민들에게 가장 사랑받는 영웅인 호세 리살을 기리기 위해 그가
죽은 자리에 리살 공원을 세워 놓았어요. 호세 리살 기념비는 물론, 그가 스페인군에 의해
총살을 당하는 장면도 조형물로 만들어져 있지요. 처형 당시 호세 리살은 자신이 죽는 모습을
사람들에게 보여 주지 않기 위해, 또 스페인에 저항한다는 의미에서 뒤돌아서서 처형당했다고
해요. 공원에는 호세 리살의 일생을 동판에 새겨 놓은 것을 볼 수도 있어요. 필리핀 사람들은
시민들의 쉼터인 이 공원에 자신들의 아픈 역사를 고스란히 남겨 기억하고 있답니다.

마지막 인사

호세 리살

잘 있거라, 사랑하는 나의 조국이여.
……
나의 인생을 너를 위해 바치려 하네.
……
사랑하는 나의 필리핀이여,
나는 가려 하네.
종도, 고문도, 압제자도 없는 그곳으로….

호세 리살 기념비
이곳에 호세 리살의 유골이 모셔져 있어요.
그가 처형된 날인 12월 30일에는
그의 희생을 기리는 행사가 열려요.

마젤란이 세계에 알린 필리핀

7천 여 개의 섬으로 이루어진 섬나라인 필리핀이 세계에 알려진 것은 16세기 즈음이에요. 스페인 국왕의 후원을 받은 페르디난드 마젤란은 새로운 항로를 개척하기 위해 세계 일주를 떠났어요. 남아메리카 대륙 남쪽 끝의 해협을 통과해 태평양을 가로질러 1521년에 도착한 곳이 바로 필리핀 세부예요. 그러면서 필리핀이 유럽에 알려지게 되었어요. 당시 필리핀은 중국, 인도 및 동남아시아 상인들이 무역을 위해 모여들던 곳으로, 마젤란 일행은 이곳 사람들에게 무역을 제안했고 가톨릭교를 전했어요. 세부섬의 추장과 대부분의 원주민들은 가톨릭교를 받아들였지요. 하지만 막탄섬 추장이었던 라푸라푸는 이에 저항했어요. 세계 일주를 꿈꾸던 마젤란은 라푸라푸 군대와의 전투에서 죽음을 맞게 되었어요.

← 세부 섬, 산토 니뇨 성당의 마젤란의 십자가

퀴즈 마젤란은 필리핀 막탄섬 추장이었던 ○○○○ 군대와의 전투에서 죽음을 맞이해요.
① 을지문덕 ② 라푸라푸

생산자를 위한 공정무역

인도, 동남아시아, 아프리카 등 여러 지역 어린이들이 학교에도 못 가고 커피 열매를 따거나 수공예품을 만드는 장면을 본 적 있나요? 이 어린이들이 과연 정당한 대가를 받고 있을까요? 그렇지 않아요. 선진국의 기업이나 유통업자들이 싼 값에 원료를 사들이고, 제품은 비싼 값에 팔아 대부분의 이익을 차지해요. 실제 생산을 담당한 사람들은 정당한 대가를 받지 못하죠. 이에 문제를 느낀 사람들이 중심이 되어 공정 무역을 추진했어요. 중간 과정을 없애고 생산자와 소비자를 직접 연결해 주는 거예요. 우리나라에는 커피, 축구공, 설탕, 각종 수공예품 등이 공정 무역으로 들어오고 있어요.

공정 무역의 과정

여성과 인간의 평등을 위해

***연달다** 어떤 사건이나 행동 따위가 이어 발생함.
***기회** 어떠한 일을 하는 데 적절한 시기나 경우.

***민족 운동** 식민지의 민족이 지배 민족이나 국가에서 벗어나 독립하려는 운동.
***여성 운동** 여성의 권리와 정치적·사회적·경제적 지위를 높이기 위한 사회 운동.

당장 카르티니가 어디 있는지 알아와!
네, 공주님!
흠….
후다닥
척
가로, 세로가 올 때까지 시원한 곳에서 낮잠이나 자 볼까.

***수수하다** 물건이나 옷차림 따위가 그리 좋지도 나쁘지도 않고 어울림.
***기품** 인격이나 작품 따위에서 드러나는 고상한 품격.

*신비롭다 사람의 힘이나 지혜가 미치지 못할 정도로 신기하고 묘한 느낌이 있음.
*답답하다 숨이 막힐 듯이 갑갑함.

***누누이** 여러 번 자꾸.
***이름나다** 세상에 널리 알려짐.

***멋대로** 아무렇게나 하고 싶은 대로. 또는 제 마음대로.
***착각** 어떤 사물이나 사실을 실제와 다르게 생각함.

***아기씨** 여자아이를 높여 이르던 말.
***꿇다** 무릎을 구부려 바닥에 댐.

*철학 인간과 세계의 원리와 삶의 성질, 모습 등을 연구하는 학문.
*수준 사물의 가치 등의 기준이 되는 일정한 표준.

*대들다 요구하거나 반항하느라고 맞서서 달려듦.
*철 사물의 옳고 그름을 구별할 줄 아는 힘이나 능력.

*시대 지금 있는 그 시기. 또는 문제가 되고 있는 그 시기.

이 옷은 이제 싫어!
휘익

안내해!
따라오세요!
타닥
탁

와~!

여기가
인도네시아의
자와섬이라고?
응.
인도네시아의
중심이 되는
섬이야.

인도네시아는
동서양의 문화가
고루 섞여 있네.
나도
그 생각했어.
왜 그렇지?
투리번

인도네시아의
위치와
관계가 있어.
어떻게?

***길목** 길의 중요한 통로가 되는 곳.

***차별** 둘 이상의 대상을 각각 등급이나 수준 등의 차이를 두어 구별함.
***눈을 뜨다** 사람이 어떤 분야에 지식을 얻거나 옳고 그름을 깨달아 앎.

카르티니 (1879년~1904년)

인도네시아 여성 교육 운동가로 인도네시아의 어머니로 불려요. 귀족 집안에서 태어나 네덜란드 학교에서 교육을 받으며 여성의 인권 등의 중요성을 알게 되었고 민족의식을 키워나갔어요. 여성 교육의 중요성을 알게 된 그는 인도네시아에 여자 학교를 세워 여성들을 교육시키려고 했어요. 하지만 첫 아이를 낳은 후 병에 걸려 스물다섯 나이에 세상을 떴지요. 이후 그가 남긴 여러 편지 등을 모아 <어둠에서 빛으로>라는 책이 나왔고, 그의 뜻을 *이어받아 곳곳에 그의 이름을 딴 학교가 세워졌어요. 인도네시아에서는 그의 생일날을 카르티니의 날로 정해 *기리고 있어요.

*이어받다 이미 이루어진 일의 결과나, 해오던 일 또는 정신을 전하여 받음.
*기리다 업적이나 바람직한 정신, 위대한 사람 따위를 칭찬하고 기억함.

***섬기다** 신이나 윗사람을 잘 모시어 받듦.
***대접받다** 상대로부터 마땅한 예의를 갖춘 베풂을 입음.

*교양 문화에 대한 폭넓은 지식.
*머지않아 오래지 않아.

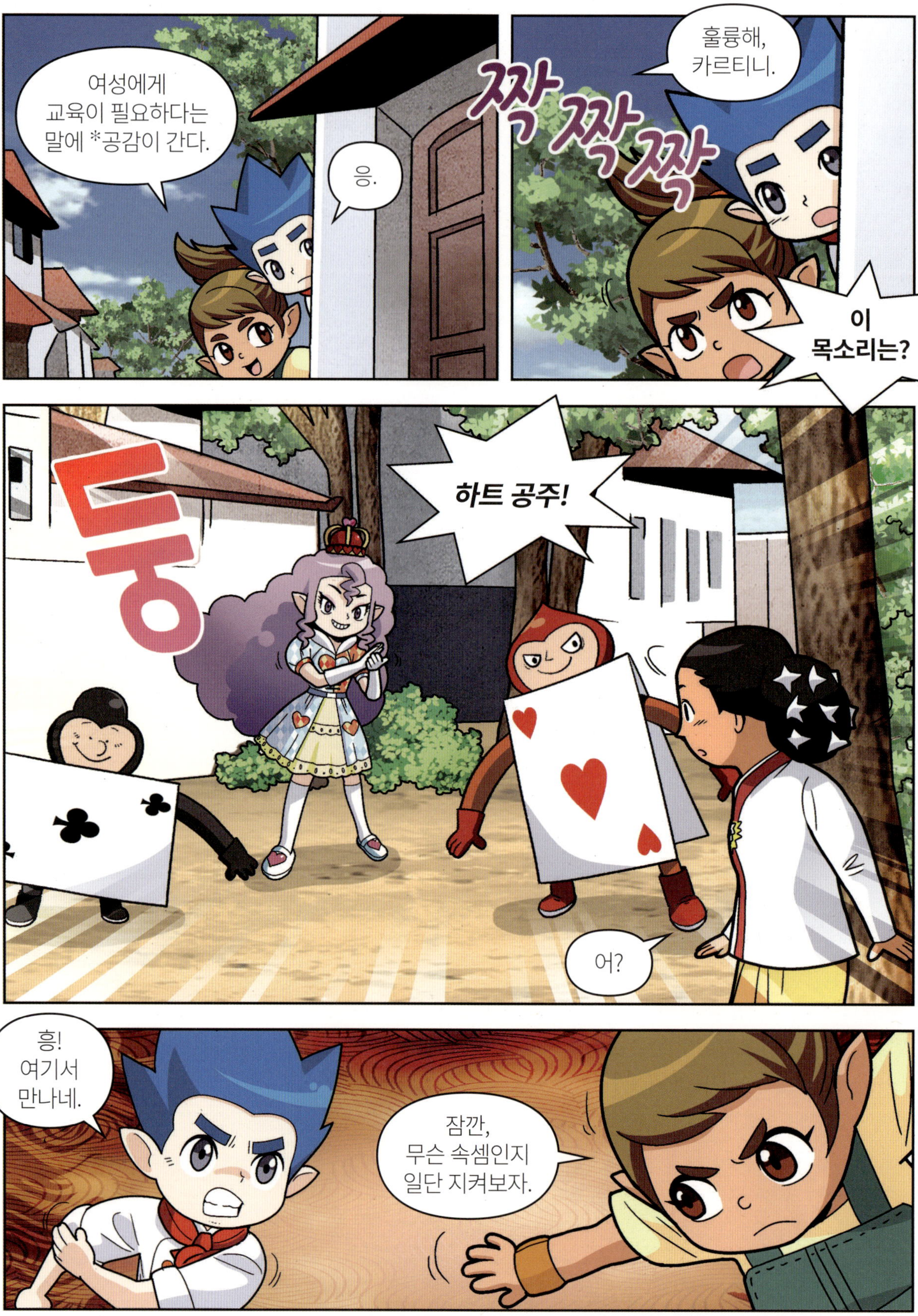

***공감** 남의 감정, 의견, 주장 따위에 대하여 자기도 그렇다고 느낌. 또는 그렇게 느끼는 기분.

***장차** 앞으로. 미래의 어느 때.
***기부** 남을 돕기 위하여 돈이나 물건 등을 돌려받을 마음 없이 내놓음.

142

***뒷받침** 뒤에서 지지하고 도와주는 일. 또는 그런 사람이나 물건.
***봉사** 국가나 사회, 남을 위해 자신을 돌보지 않고 힘을 바쳐 애씀.

***우러러보다** 마음속으로 공경하여 떠받듦.
***설득** 상대편이 이쪽 편의 이야기를 따르도록 여러 가지로 깨우쳐 말함.

* **실례** 말이나 행동이 예의에 벗어남. 또는 그런 말이나 행동. 상대의 양해를 구하는 인사로 쓰는 경우가 많음.

차핫!
으악!
끄아악!
쿵탕탕
가로,
공주님도 손
놓으라잖아.
또
니들이냐!
음냐아….
너넨 또
왜 왔어!

*걷어차다 발을 들어서 세게 참.

안 되겠다.
여기는 포기하겠어.
어쩔 수 없는
후퇴야!
공주님,
같이 가요!
도망치지
마요!
그루야,
바로 뒤쫓자!
아아아
카르티니,
짧은 만남이었지만
반가웠어요!
언제나
응원할게요.
네?

공주님,
카드 내놔요!
이번엔
우리도 안 놓쳐!
우우우웅

이게 다 무슨 일이지?
얼 떨 떨…
세상에는 참 대단한 여자들이 많아.
자기 나라를 만들겠다고 하질 않나, 힘으로 남자들을 무찌르기도 하고.
!

그렇단다. 우리가 몰랐을 뿐이야. 여자도 많은 일을 할 수 있다는 것을!
아!

*운명 앞으로의 삶과 존재, 멸망에 관한 사정.
*평등 권리, 의무, 자격 등이 차별 없이 고르고 한결같음.

인도네시아 종교의 다양성

인도네시아는 약 87%의 국민들이 이슬람교를 믿고 있어요. 세계에서 가장 많은 이슬람교도 (무슬림)가 살고 있는 나라죠. 그렇지만 종교의 자유와 다양성이 인정되어 국민들은 이슬람교 외에 불교, 힌두교, 기독교, 가톨릭교, 유교 등을 믿고 있지요. 인도네시아에는 세계적인 불교 사원인 보로부두르가 있고, 휴양지로 알려진 발리 섬 주민들은 대부분 힌두교를 믿어요. 하지만 이슬람 문화가 깊숙이 자리해 이슬람 율법에 따라 종교 재판이 이루어지기도 한답니다.

↑ 발리의 브사키 사원

↑ 인도네시아 자바섬의 보로부드르 유적

퀴즈 인도네시아에 있는 천 년 이상 된 불교 사원은?
① 불국사　② 보로부두르

네덜란드의 오랜 식민 통치

인도네시아는 350여 년간 네덜란드의 식민 통치를 받았어요. 처음에는 네덜란드가 아시아 지역과의 무역을 독점하기 위해 세운 동인도 회사가 진출했어요. 그러면서 인도네시아에서 나는 석유, 고무, 설탕 등의 물품을 빼앗아갔죠. 네덜란드는 인도네시아 주요 섬들을 하나둘 점령하여 식민지로 삼았어요. 그런데 일본이 태평양 전쟁을 일으키고 동남아시아 지역 일부를 점령할 때 인도네시아도 점령당한 거예요. 인도네시아 국민들은 일본이 네덜란드를 몰아내줄 거라고 기대하며 그들과 함께 네덜란드에 맞서 싸웠지만, 일본의 수탈이 더 심했지요. 인도네시아는 제2차 세계대전이 끝나고 1945년 8월 17일 독립을 선언했어요. 하지만 인도네시아를 포기할 수 없었던 네덜란드 군대가 다시 들어왔고, 인도네시아 국민들은 많은 희생을 치루며 독립을 위해 싸워 1956년에야 완전한 독립을 이뤘어요.

퀴즈 350여 년 동안 인도네시아를 식민지로 삼은 나라는?
① 한국 ② 네덜란드

동남아시아 국가 연합의 탄생

동남아시아 국가 연합은 1967년에 태국 방콕에서 결성된 국가 협력 기구예요. 동남아시아 국가들의 정치, 사회, 경제, 문화적 연대 및 성장을 위해 만들어졌어요. 현재는 베트남, 태국, 캄보디아, 라오스, 미얀마, 필리핀, 말레이시아, 싱가포르, 인도네시아 등 인도차이나반도와 말레이 제도의 10개 국이 가입해 있고 아세안(ASEAN)이라 불러요. 인도차이나반도가 공산화되는 등 국제적인 정치 상황의 변화 속에서 연합적인 대응과 독자적인 움직임이 필요하다는 생각에 만들어졌지요. 현재에도 동남아시아 국가들의 발전에 중요한 역할을 하고 있답니다.

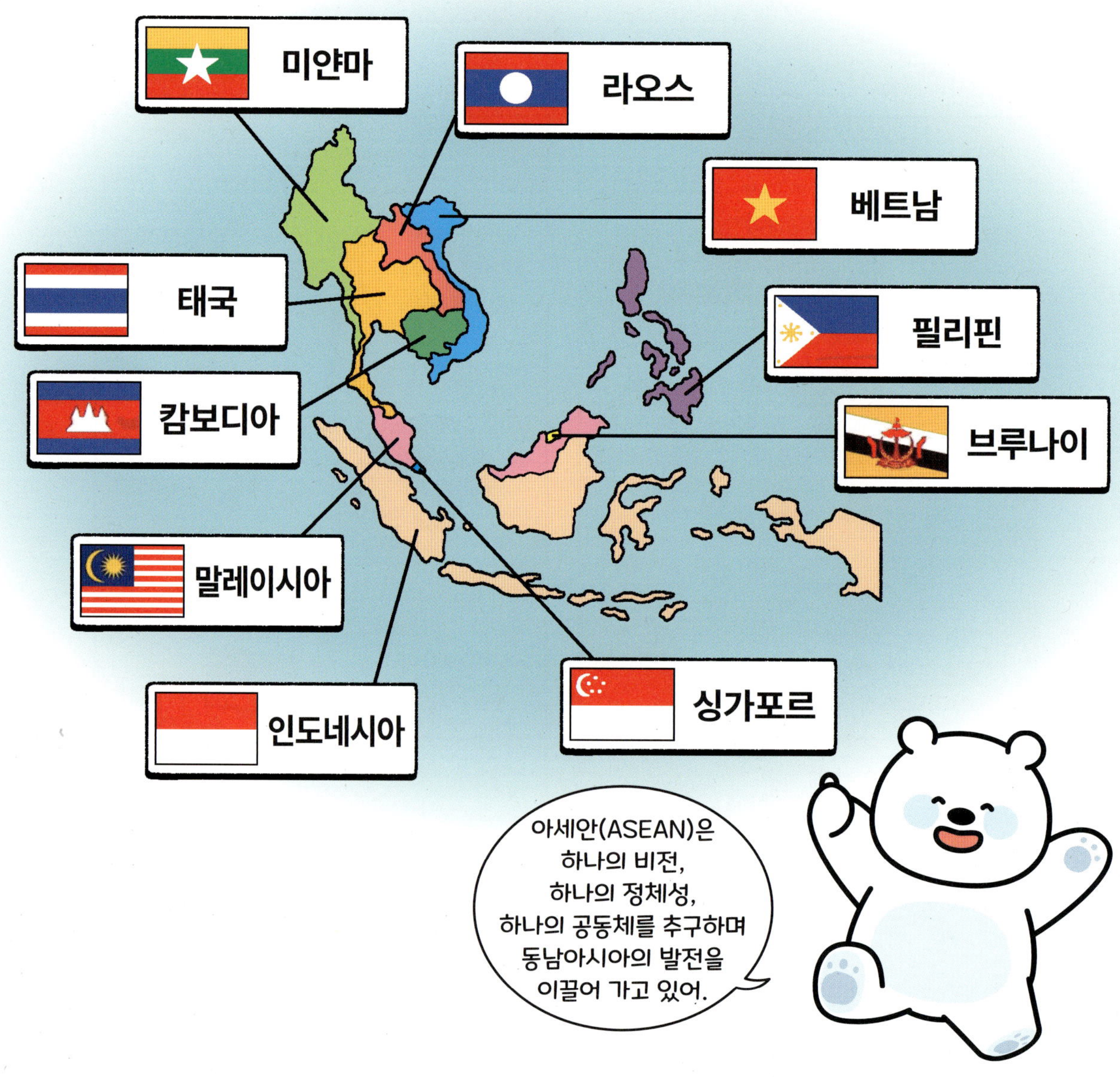

퀴즈 동남아시아 국가들의 연대 및 성장을 위해 만들어진 연합은?
① 유엔　② 아세안

찌아찌아족의 공식 표기 문자, 한글

찌아찌아족은 인도네시아의 소수 민족으로, 고유 부족 언어인 찌아찌아어를 사용하고 있어요. 그런데 찌아찌아족의 언어를 표기할 문자가 없었어요. 그들은 자신들의 언어를 표기할 문자로 한글을 선택했어요. 한글은 모든 소리를 글로 표현할 수 있는 우수한 문자로 그들의 언어를 가장 잘 표기할 수 있는 문자로 인정받았거든요. 한글은 2009년부터 찌아찌아족의 공식 표기 문자로 사용되기 시작했고, 한글 보급을 위해 한글 학교가 문을 열었어요. 시내 곳곳에서는 한글로 된 간판들을 쉽게 볼 수 있어요. 하지만 한글을 가르칠 교사가 부족해 한글 보급에 여러 어려움이 있다고 해요.

↑ 까르야 바루 국립 초등학교 입구

↑ 찌아찌아어
한 학생이 한글로 찌아찌아어를 쓰고 있어요.

퀴즈 찌아찌아족이 자신의 언어를 표기할 문자로 선택한 언어는?
　　① 한글　② 영어

민주화 운동의 불꽃

*민주화 운동 민주주의를 발전시키기 위해 정치적으로 벌이는 운동.
*군부 독재 군사를 중심으로 한 세력이 국가 권력을 도맡아 강압적으로 다스리는 일.

책 내용을 근거로 그녀가 지금 있을 만한 곳을 찾을 거야.
책을 훔쳐 오길 잘했네요.
스스슥

공주님! 멀리 못가셨네요?
짠!
거기 딱 계세요!
쫓아오지 마!
가로, 세로! 막아!
옛! 연막탄 준비 완료!
어딜 빠져나가려고!
투투툭

* **실망** 바라던 일이 뜻대로 되지 않아 마음이 몹시 상함.
* **이르다** 기준을 잡은 때보다 앞서거나 빠름.

***시위** 많은 사람이 의견을 내며 집회나 행진 등을 하는 행위.

*연방제 다수의 나라가 공통의 정치 이념 아래에서 합동하여 구성하는 국가 제도.
*버마족 미얀마의 중부 평야 지대에 거주하는 민족.

***한산하다** 사람이 적어 한가하고 고요함.
***점찍다** 어떻게 될 것이라고 또는 어느 것이라고 마음속으로 정함.

아웅 산 수치 (1945년~현재)

미얀마 민주화 운동의 상징인 인물로, 독립의 영웅인 아웅 산 장군의 딸이에요. 그는 오랜 기간 외국에서 살다가 미얀마로 돌아와, 1988년 민주화 운동에 참여했어요. 이후 군부 정권에 맞서 민주주의민족동맹(NLD)를 이끌며 저항했지요. 그를 반란의 중심인물로 본 군부는 15년 동안 집에 가두고 밖으로 못 나오게 하기도 했어요. 민주화를 위한 노력을 인정받아서 그녀는 1991년에는 노벨 평화상을 수상했어요. 하지만 소수 민족에 대한 군부의 *탄압을 막려 하지 않아 비판을 받기도 했어요. 2021년에 또다시 군부가 *쿠데타를 일으켜 권력을 차지하고 그를 가두어 버렸어요.

*탄압 권력이나 힘으로 억지로 눌러 꼼짝 못 하게 함.
*쿠데타 힘으로 정권을 빼앗는 일.

160

***탐정** 드러나지 않은 사정을 몰래 살펴 알아냄. 또는 그런 일을 하는 사람.

***물가** 물건의 값. 여러 가지 상품이나 서비스의 가치를 종합적이고 평균적으로 본 개념.
***유엔** 경제적·사회적·문화적·문제 등에 있어 국제 협력을 위해 만들어진 국제 평화 기구.

***항쟁** 맞서 싸움.
***참혹** 비참하고 끔찍함.

***지지하다** 어떤 사람이나 단체의 의견에 따르며 이를 위해 힘을 씀.

*혼란스럽다(165쪽) 보기에 뒤죽박죽이 되어 어지럽고 질서가 없는 데가 있음.

***인자하다** 마음이 어질고 자애롭다.
***카리스마** 대중을 마음으로부터 따르게 하는 능력이나 자질.

*조준 총이나 포 따위를 쏘거나 할 때 목표물을 향해 방향과 거리를 잡음.
*경고하다 조심하거나 삼가도록 미리 주의를 줌.

……
!

길을 좀
비켜 주시겠소?
덜 덜 덜

……
스 으
!

!
아, 아니!
이게 무슨!
와 아 아 아

*희생자 다른 사람이나 어떤 목적을 위해 자신의 목숨, 재산, 이익 등을 버린 사람.
*이룩하다 어떤 큰 현상이나 사업 등을 이룸.

아웅 산 수 치 만세!

민주주의 만세!

와아아!

와아아!

우아! 총을 든 군인 앞에서도 절대 지지 않아.

죽을지도 모르는데 평화 시위를 말하다니.

***평범하다** 뛰어나거나 색다른 점이 없이 보통임.

아웅 산 수 치!
내 부하가
되어라!
누, 누구요?
파
앗
슈
오
악
으악!

***감쪽같이** 꾸미거나 고친 것이 전혀 알아챌 수 없을 정도로 티가 나지 않게.
***해산** 모였던 사람이 흩어짐. 또는 흩어지게 함.

시위대를
조준한다!
수치
선생님을
내놔라!
군부 독재는
물러나라!
척
척
척
공주님!
아웅 산 수 치를
내놔요!
아오!
끈질겨!
저희가
막을게요!
파
파팟
또 연막탄
맛 좀 볼 테냐!
툭!
스으윽
두 번은
안 당하지!
어…
어어!

*발포 총이나 포를 쏨.
*무례 태도나 말에 예의가 없음.

173

*튕기다 다른 물체에 부딪치거나 힘을 받아서 튀어 나옴.
*얄밉다 말이나 행동이 약빠르고 미움.

슈우우악
슈우우우
타 타 타 탕
숨어!
피해!
아웅 산 수 치가
돌아왔어!
수리야바르만 2세도
자기 시대로 돌아가는구나!
짜증나!
콰직
으악!
내 마법봉!

***오작동** 기계나 전자 제품이 기능 이상으로 잘못 작동함.
***총격** 총을 쏘아 공격함.

아웅 산 수 치가
돌아와서
다행이야.
휴, 앞으로
어떻게 될까?
그게….
우~웅
이후
아웅 산 수 치는
군부 정권에 의해
15년 동안이나 집안에
감금되었어.
우우웅
그러다 2016년
그가 이끄는 정당이
선거에 이기면서
꿈에 그리던 민주 정부를
수립하게 되는데,
2021년 또다시
군부 쿠데타가
일어나고 말지.
안타깝다!
미얀마에
민주화는 대체
언제 오는 걸까?
쉬이잉

***예약자** 미리 정한 약속을 한 사람.
***책등(179쪽)** 책을 매어 놓은 쪽의 겉으로 드러난 부분.

우아!
동남아시아
지도잖아?

*책등에
캄보디아, 필리핀, 태국,
인도네시아, 미얀마가
다 있네!

지도를 보니
겪은 일이
생생하지?

크크.
똠양꿍을 먹을 때처럼
시고 맵고 짜고 단 맛을
모두 본 것 같아.

난 다양한 얼굴을 가진
동남아시아 요리를
더 연구해 보고 싶어졌어.

똠양꿍 먹고 싶다.
급히 떠나느라
다 먹지도 못했는데.

걱정 마!
내가 다시
만들어 줄게!

고마워,
그루야!

LIVE 세계사 ⑲ 동남아시아 편 끝.

황금빛 사원의 나라, 미얀마

미얀마는 중국, 인도와 맞닿아 있는 나라로 버마족이 중심이 되어 세운 나라예요. 버마족 외에도 많은 소수 민족들이 함께 살고 있지요. 미얀마는 인도에서 상좌부 불교를 받아들여 태국, 캄보디아 등으로 전파했어요. 미얀마 최초의 통일 왕조인 바간 왕조 때 불교가 크게 발전하면서 곳곳에 불교 사원과 탑이 세워졌어요. 번쩍번쩍 빛나는 황금 사원이 곳곳에 세워져 황금 빛 사원의 나라로 불리기도 해요. 미얀마의 불교 성지로 일컬어지는 바간에 가면 불탑들이 빼곡히 들어서 있는 모습을 곳곳에서 볼 수 있어요.

↑ 바간의 불탑

퀴즈 미얀마의 불교 성지로 불리는 도시의 이름은?
① 바간 ② 바나나

빼앗긴 봄을 찾기 위한 민주화 운동

오랜 기간 영국의 식민지였던 미얀마는 제2차 세계 대전이 끝난 뒤 독립을 했어요. 하지만 독립 당시 소수 민족 간의 다툼이 있었죠. 군부는 이런 혼란 상황을 구실로 쿠데타를 일으켜 나라를 다스렸어요. 나라 이름도 버마에서 미얀마로 바꾸어 버렸고요. 1988년 학생과 시민들은 군부 독재에 저항했어요. 이때 아웅 산 수 치가 혁명의 중심이 되었어요. 아웅 산 수 치는 2015년 선거에서 승리해 국가 최고 지도자 자리에 오르면서 민주주의 체제를 정착시키려고 했어요. 하지만 2021년 다시 군부가 쿠데타를 일으켜 아웅 산 수 치를 가두고 정권을 장악했죠. 수백만 시민들이 거리로 나와 시위를 벌였고, 지금까지 민주화 운동이 지속되고 있답니다.

동남아시아 국가들의 과제

동남아시아는 서양 국가의 식민지가 되어 많은 어려움을 겪었어요. 하지만 현재 동남아시아는
미래의 땅이라고 불릴 정도로 주목받고 있답니다. 인구가 많을 뿐만 아니라 젊은 사람들이 많아
활력이 넘쳐나거든요. 최근에는 높은 경제 성장률을 나타내며 그 가능성을 보여 주고 있어요.
하지만 군사 쿠데타가 자주 일어나 정치적으로 불안정한 국가도 있고, 인권이 짓밟히는 국가들도
있어요. 의료 시설 부족, 교육을 받지 못하는 문제, 가난 등으로 어려움을 겪는 국가들도 많고요.
동남아시아 국가들이 이러한 문제를 해결한다면 더욱 발전할 수 있을 거예요.

미얀마 민주화 운동을 응원하는 한국

미얀마에서 군부 쿠데타 소식이 들려오자 한국 시민들은 연대의 손길을 내밀었어요. 미얀마의
민주화를 응원하는 캠페인을 진행하기도 하고, 성금을 모아 전달하기도 했지요. 어린이부터
어른들까지 다양한 형태로 연대의 마음을 표현했어요. 일부 초등학교나 중학교에서는 민주화
관련 수업에서 미얀마 민주화 운동을 다루며 응원했고, 사람들은 쿠데타를 멈추라는 문구를
만들어 SNS에 올리기도 하고, 옷에 미얀마를 응원하는 문구를 새겨 입고 다니기도 했어요.
지금도 성금을 모아 미얀마 시민들을 지원하는 등 한국 시민 사회는 미얀마에 민주화의 봄이
오길 바라고 있답니다.

⬆ 세 손가락 경례

2012년 영화 <헝거 게임 : 판엠의 불꽃>에 처음 등장했어요. 영화 속
시민들은 독재 정권에 대한 분노와 슬픔을, 검지 중지 약지의 세 손가락을
하늘을 향해 곧게 펴는 형태로 표현했지요. 이 세 손가락 경례는 2014년
태국 반정부 시위에서 처음 등장했고, 여러 나라에서 사용되고 있어요.

퀴즈 영화에 처음 등장한 뒤, 반정부 시위의 상징이 된 경례는?
① 세 손가락 경례   ② 한 손가락 경례

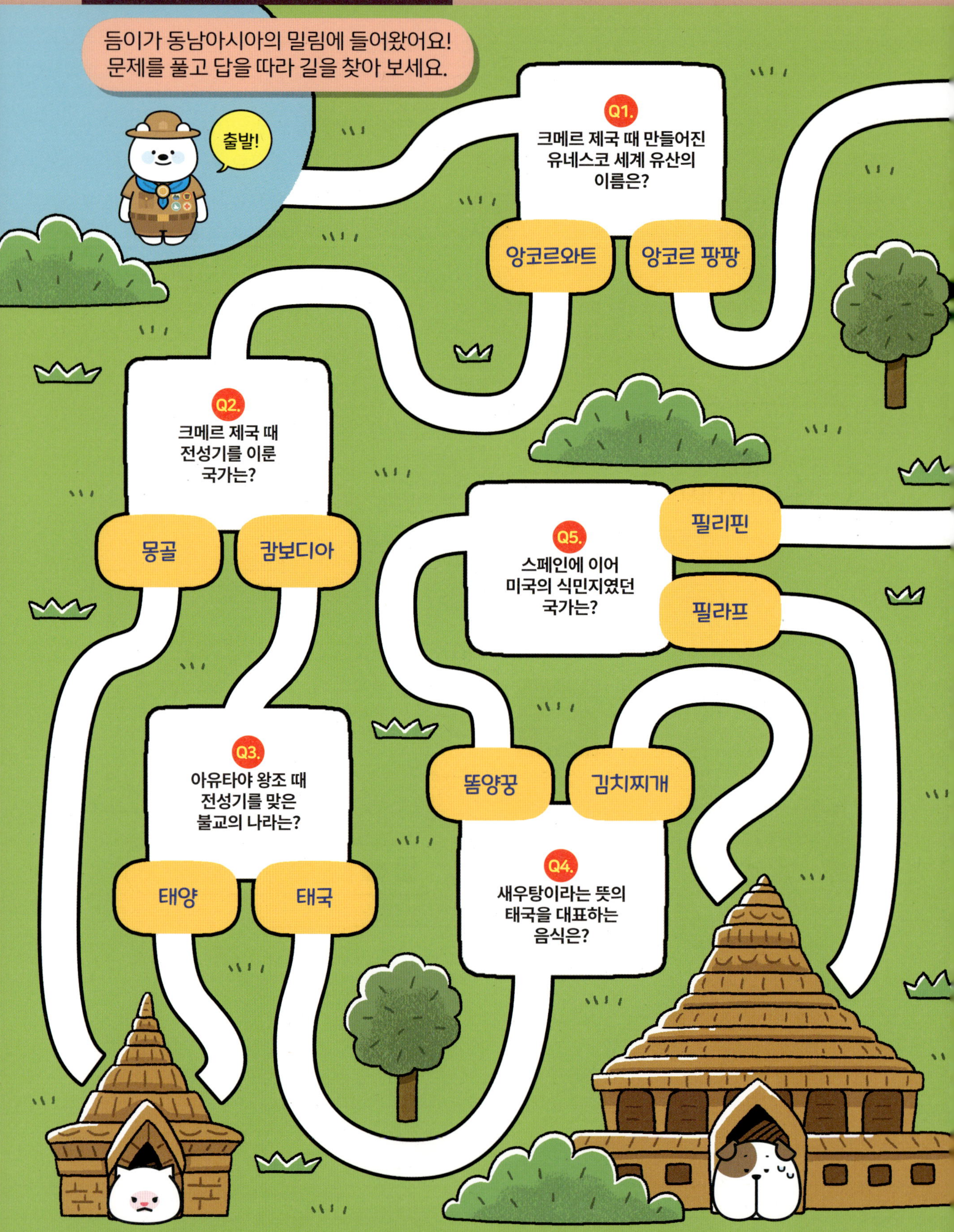
도전 세계사 놀이 퀴즈·미로찾기
듬이가 동남아시아의 밀림에 들어왔어요!
문제를 풀고 답을 따라 길을 찾아 보세요.
출발!
Q1.
크메르 제국 때 만들어진
유네스코 세계 유산의
이름은?
앙코르와트
앙코르 팡팡
Q2.
크메르 제국 때
전성기를 이룬
국가는?
몽골
캄보디아
Q5.
스페인에 이어
미국의 식민지였던
국가는?
필리핀
필라프
Q3.
아유타야 왕조 때
전성기를 맞은
불교의 나라는?
태양
태국
똠양꿍
김치찌개
Q4.
새우탕이라는 뜻의
태국을 대표하는
음식은?

Q6.
세계 일주를 하며
필리핀을 세계에
처음으로 알린 인물은?
마젤토브
마젤란
Q7.
물건을 생산하는
생산자에게 정당한 대가를
지불하고 소비자에게는
질 좋은 제품을
살 수 있게 하는 교역은?
공정 무역
공짜 무역
Q8.
세계에서 가장 많은
이슬람교도(무슬림)들이
살고 있는 국가는?
인도네시아
인도
Q9.
황금 불탑이 많아
황금 빛 사원의 나라로
불리는 국가는?
미얀마
미술관
Q10.
미얀마에서
쿠데타를 일으켜
정권을 차지한
사람들은?
스님
군인
도착!

다음 인물 카드의 주인공의 이름을
<보기>에서 찾아 써넣으세요.

보기

ㄱ 라마 5세 ㄴ 카르티니 ㄷ 호세 리살 ㄹ 아웅 산 수 치 ㅁ 수리야바르만 2세

미얀마

미얀마 민주화 운동의 상징으로
민주주의민족동맹(NLD)를 이끌며
군부에 저항함.

태국

태국의 근대화를 이끈 왕으로
짜끄리 왕조의 5대 국왕.

캄보디아

크메르 제국의
전성기를 이끈 왕으로
앙코르와트를 지음.

인도네시아

인도네시아 여성 교육 운동가로
인도네시아의 어머니로 불림.

필리핀

필리핀 독립운동의
아버지로 불리는 인물.

동남아시아 문화와 역사에 바른 설명이 적힌 재료를 찾아 빈칸에 ○, ✕로 표시하고 맛있는 똠양꿍을 만들어 보세요.

태국이 독립을 유지하기 위해 펼친 외교를 '대나무 외교'라고 불러.
(   )

동남아시아 국가들은 모두 중국의 식민지였어.
(   )

앙코르와트는 힌두교 신인 비슈누 신을 위해 지은 거야.
(   )

마젤란이 와서 가톨릭교를 전파하자 필리핀 원주민 모두가 받아들였어.
(   )

인도네시아의 찌아찌아족은 한글을 공식 표기 문자로 사용하고 있어.
(   )

1 동남아시아 지역에 대한 설명으로 알맞지 <u>않은</u> 것은?

① 우리나라와는 전혀 교류가 없어.

② 미얀마, 캄보디아, 태국 등의 나라가 있어.

③ 대부분이 오랫동안 서양 세력의 식민지였어.

④ 불교, 힌두교, 이슬람교 등 다양한 종교가 전해졌어.

2 다음 설명에 해당하는 국제기구의 이름은?

① 국제연합(UN)

② 유럽연합(EU)

③ 경제협력개발기구(OECD)

④ 동남아시아 국가 연합(ASEAN)

3 다음과 관련된 종교로 알맞은 것은?

① 힌두교   ② 기독교

③ 대승 불교   ④ 상좌부 불교

4 다음 문화유산에 대한 설명으로 알맞지 <u>않은</u> 것은?

① 캄보디아에 있어.

② 유네스코 세계 유산이야.

③ 힌두교 신전으로 지어졌어.

④ 석가모니가 태어난 곳이라고 전해져.

5 다음 인물에 대한 설명으로 알맞은 것은?

① 필리핀에서 태어났어.

② 세계 일주를 꿈꾼 사람이야.

③ 가톨릭교를 적극 받아들였어.

④ 필리핀 민주 공화국의 초대 대통령이야.

6 필리핀의 역사에 대한 설명으로 알맞지 않은 답을 한 친구는?

부족 국가 시대
스페인 식민지 시기
미국 식민지 시기
일본 점령기
필리핀 공화국

1521 1571 1898 1942 1945 1946

드디어 필리핀 세부에 도착했군. 이곳은 이제 스페인 차지다!

드디어 스페인을 몰아냈다!

이제 식민지 시대는 끝이다!

① 스페인의 식민지였어.

② 미국의 지배를 받기도 했어.

③ 호세 리살이라는 독립운동가가 있었어.

④ 제1차 세계 대전 이후 실질적인 독립을 이뤘어.

7 다음 인물에 대한 설명으로 알맞지 <u>않은</u> 것은?

① 인도네시아 민족 운동가야.

② 여성을 위한 학교를 세우려고 했어.

③ 네덜란드의 식민 통치에 적극 협조했어.

④ 그녀가 남긴 편지 등을 모아 책을 펴냈어.

8 다음 문화유산에 대한 설명으로 알맞지 <u>않은</u> 것은?

① 미얀마에서 볼 수 있어.

② 유네스코 세계 유산이야.

③ 힌두교와 관련된 문화유산이야.

④ 불교가 발달했음을 알 수 있어.

① 군부의 독재에 저항한 거야.

② 외국의 식민 통치에 저항한 거야.

③ 호세 리살이 민주화 운동을 이끌었어.

④ 한국의 시민들도 응원하는 모습을 보였어.

도전 세계사 놀이 퀴즈·미로찾기

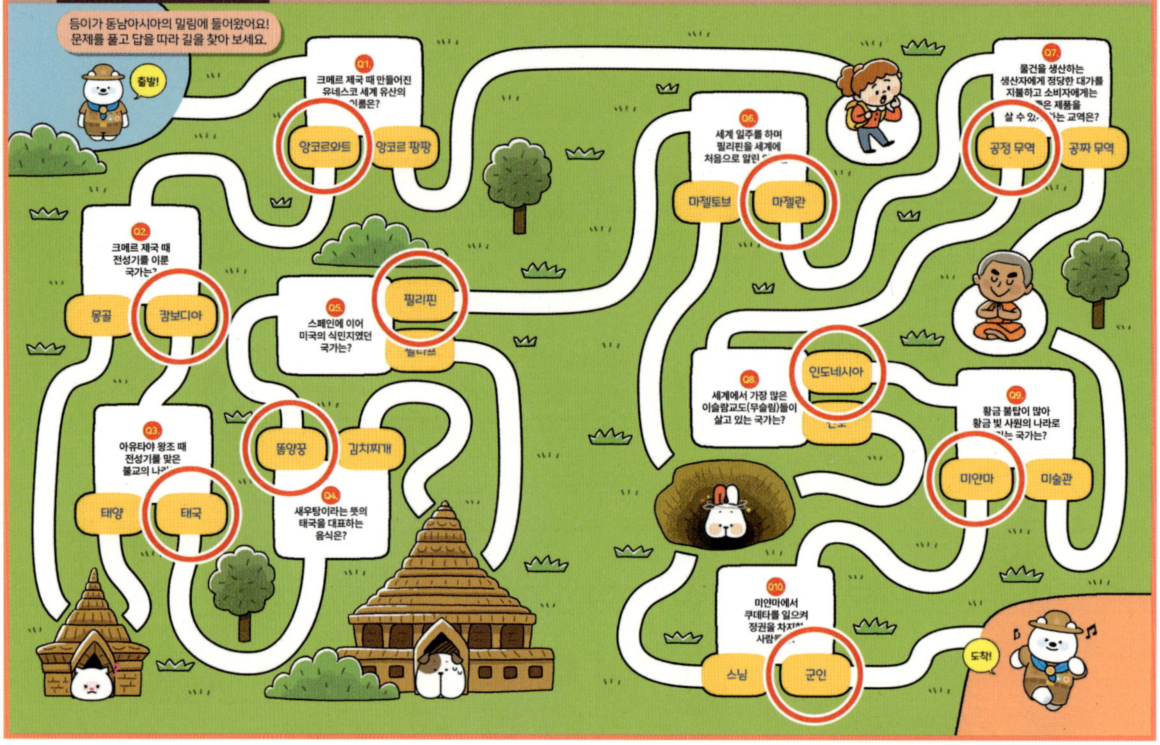

등이가 동남아시아의 밀림에 들어왔어요!
문제를 풀고 답을 따라 길을 찾아 보세요.

도전 세계사 놀이 퀴즈·인물퀴즈

다음 인물 카드의 주인공의 이름을 <보기>에서 찾아 써넣으세요.

보기

ㄱ 라마 5세　ㄴ 카르티니　ㄷ 호세 리살　ㄹ 아웅 산 수 치　ㅁ 수리야바르만 2세

미얀마
ㄹ **아웅 산 수 치**
미얀마 민주화 운동의 상징으로 민주주의민족동맹(NLD)를 이끌며 군부에 저항함.

태국
ㄱ **라마 5세**
태국의 근대화를 이끈 왕으로 짜끄리 왕조의 5대 국왕.

캄보디아
ㅁ **수리야바르만 2세**
크메르 제국의 전성기를 이끈 왕으로 앙코르와트를 지음.

인도네시아
ㄴ **카르티니**
인도네시아 여성 교육 운동가로 인도네시아의 어머니로 불림.

필리핀
ㄷ **호세 리살**
필리핀 독립운동의 아버지로 불리는 인물.

도전 세계사 놀이 퀴즈·OX 퀴즈 풀기

동남아시아 문화와 역사에 바른 설명이 적힌 재료를 찾아 빈칸에 O, X로 표시하고 맛있는 뚬양꿍을 만들어 보세요.

1 답 ①

동남아시아 국가들은 우리나라와 활발하게 교류하고 있어요.

2 답 ④

1967년에 태국 방콕에서 동남아시아 국가들의 정치, 경제, 사회, 문화적 연대 및 성장을 위해
결성된 국가 협력 기구는 동남아시아 국가연합(ASEAN)이에요.

3 답 ④

스스로 수행을 통해 깨달음을 얻는 것을 중요하게 여긴 종교는 상좌부 불교예요.

4 답 ④

사진은 캄보디아에 있는 앙코르와트예요.
석가모니가 태어난 곳은 네팔 남부 지역의 룸비니라고 전해져요.

5 답 ②

세계 일주를 꿈꾸었던 마젤란은 필리핀 세부에 도착해, 가톨릭을 전파했어요.

6 답 ④

필리핀은 제2차 세계 대전 이후 실질적인 독립을 이뤘어요.

7 답 ③

카르티니는 인도의 민족 운동가로 네덜란드의 식민 통치에 저항했어요.

8 답 ③

바간의 불탑들은 힌두교가 아닌 불교의 문화유산들이에요.

9 답 ①, ④

미얀마의 민주화 운동은 군부 독재에 대한 저항으로 아웅 산 수 치가 이끌었어요.

동남아시아

앙코르와트

기원전	
6세기경	불교 탄생
기원후	
1113년	캄보디아, 수리야바르만 2세 재위
12세기초	앙코르와트 건설
1220년경	동남아시아에 이슬람 전파
1296년	주달관 캄보디아 방문
1521년	마젤란, 필리핀 세부 도착
1767년	미얀마의 버마군 침략으로 태국의 아유타야 제국 멸망
1863년	캄보디아, 프랑스의 식민지가 됨
1873년	태국, 라마 5세 재위
1887년	프랑스령 인도차이나 연방 성립
1898년	필리핀, 스페인으로부터 독립
1898년	필리핀, 미국의 식민지가 됨
1946년	필리핀, 미국으로부터 독립
1949년	인도네시아, 네덜란드로부터 독립
1953년	캄보디아, 프랑스로부터 독립
1965년	싱가포르 공화국 수립
1967년	동남아시아 국가 연합(ASEAN) 결성
1988년	미얀마, 아웅 산 수 치를 중심으로 군부 독재 저항
2021년	미얀마, 민주화 운동

마젤란 십자가

라마 5세

세계사	한국사
기원전	**기원전**
750년경 그리스, 폴리스 성립	57년 신라 건국
330년 로마, 콘스탄티노폴리스로 수도 이전	37년 고구려 건국
기원후	18년 백제 건국
395년 로마 제국, 동서로 분열	**기원후**
476년 서로마 제국 멸망	660년 백제 멸망
589년 수, 중국 통일	668년 고구려 멸망
610년 무함마드, 이슬람교 창시	676년 신라, 삼국 통일
618년 당 건국	698년 발해 건국
622년 헤지라(이슬람 기원 원년)	918년 왕건, 고려 건국
960년 송 건국	936년 고려, 후삼국 통일
962년 신성 로마 제국 성립	1392년 고려 멸망, 조선 건국
1271년 원 제국 성립	1446년 훈민정음 반포
1337년~1453년 영국과 프랑스, 백년 전쟁	1863년 고종 즉위, 흥선 대원군 집권
1368년 명 건국	1894년 동학 농민 운동
1789년 프랑스 혁명	1895년 을미사변
1840년 청, 아편전쟁	1896년 아관 파천
1894년 청일 전쟁	1897년 대한 제국 수립
1904년 러일 전쟁	1910년 한일 병합 조약
1914년 사라예보 사건, 제1차 세계 대전 발발	1919년 대한민국 임시정부 수립
1917년 러시아 혁명	1945년 8.15 광복